Se você não é chegado em árvores e em piadinhas sem graça, nem passe desta folha.

Árvores geniais

PHILIP BUNTING

Tradução: Gilda de Aquino

BRINQUE·BOOK

É hora de bancar a árvore!

Copyright do texto e das ilustrações © 2021 by Philip Bunting
Philip Bunting afirma seus direitos morais enquanto autor e ilustrador desta obra.
As árvores afirmam seus direitos morais enquanto seres dotados de genialidade.

Publicado originalmente em 2021 por Omnibus Books, um selo da Scholastic Australia Pty Limited, sob o título *The gentle genius of trees*.
Esta edição foi publicada mediante acordo com a Scholastic Australia Pty Limited.

Grafia atualizada segundo o Acordo Ortográfico da Língua Portuguesa de 1990, que entrou em vigor no Brasil em 2009.

Preparação: Fátima Couto
Revisão: Bonie Santos e Adriana Bairrada
Composição: Mauricio Nisi Gonçalves

Dados Internacionais de Catalogação na Publicação (CIP)
(Câmara Brasileira do Livro, SP, Brasil)

Bunting, Philip
  Árvores geniais / [texto e ilustração] Philip Bunting ; tradução Gilda de Aquino. — 1ª ed. — São Paulo : Brinque-Book, 2022.

  Título original: The gentle genius of trees
  ISBN 978-65-5654-044-3

  1. Literatura infantojuvenil I. Aquino, Gilda de. II. Título.

22-105681   CDD-028.5

Índices para catálogo sistemático:
1. Literatura infantil 028.5
2. Literatura infantojuvenil 028.5

Aline Graziele Benitez – Bibliotecária – CRB-1/3129

3ª reimpressão

Todos os direitos desta edição reservados à
BRINQUE-BOOK EDITORA DE LIVROS LTDA.
Rua Bandeira Paulista, 702, cj. 72C
04532-002 – São Paulo – SP – Brasil
☎ (11) 3707-3500
 www.companhiadasletras.com.br/brinquebook
 www.blogdaletrinhas.com.br
 /brinquebook
 @brinquebook

A marca FSC® é a garantia de que a madeira utilizada na fabricação do papel deste livro provém de florestas que foram gerenciadas de maneira ambientalmente correta, socialmente justa e economicamente viável, além de outras fontes de origem controlada.

Esta obra foi composta em Apercu e French Fries e impressa pela Gráfica HRosa em ofsete sobre papel Alta Alvura da Suzano S.A. para a Editora Brinque-Book em janeiro de 2025.

PARA O PESSOAL DO
COLÉGIO ESTADUAL EUMUNDI

AGRADECIMENTO: GOSTARIA DE EXPRESSAR MEU RECONHECIMENTO AOS POVOS ORIGINÁRIOS DA TERRA EM QUE VIVO
E TRABALHO E PRESTAR REVERÊNCIA À NAÇÃO GUBBI GUBBI, EXTENSIVA AOS SEUS DESCENDENTES.
PHILIP BUNTING

Nós, seres humanos, temos uma relação muito especial com as árvores.

Desde o comecinho de nossa minúscula espécie, vivemos em árvores, junto às árvores e com as árvores. Hoje elas continuam nos dando mais do que podemos colher quando sacudimos seus galhos ou subimos neles.

As árvores nos oferecem:

Abrigo

Comida

Brinquedos

Diversão

Lugares para sentar

Livros

Abraços

Fogueiras

Remédios

Sombra

As árvores nos dão até o ar que respiramos!
O ciclo de vida das plantas faz um par perfeito com o seu
sistema respiratório,* permitindo que você respire bem.

*Estes são os seus pulmões e outras coisinhas que gentilmente ajudam você a respirar.

Cada vez que você respira fundo, inspira oxigênio e expira dióxido de carbono. Por sua vez, as árvores inspiram dióxido de carbono e expiram oxigênio, que você pode inspirar de novo.

Você, eu, os pássaros e as abelhas, as árvores e os mares,
todos fazemos parte de uma existência perfeitamente equilibrada –
um sistema de vida delicado que existe na Terra e com a Terra.

Enquanto nós ingerimos comida para crescer, as árvores se alimentam de uma maneira um pouco diferente. Por meio de um processo extraordinário chamado fotossíntese, nossas amigas captam com suas folhas a maioria dos nutrientes de que precisam para crescer, alimentando-se de ar puro e da luz do sol!

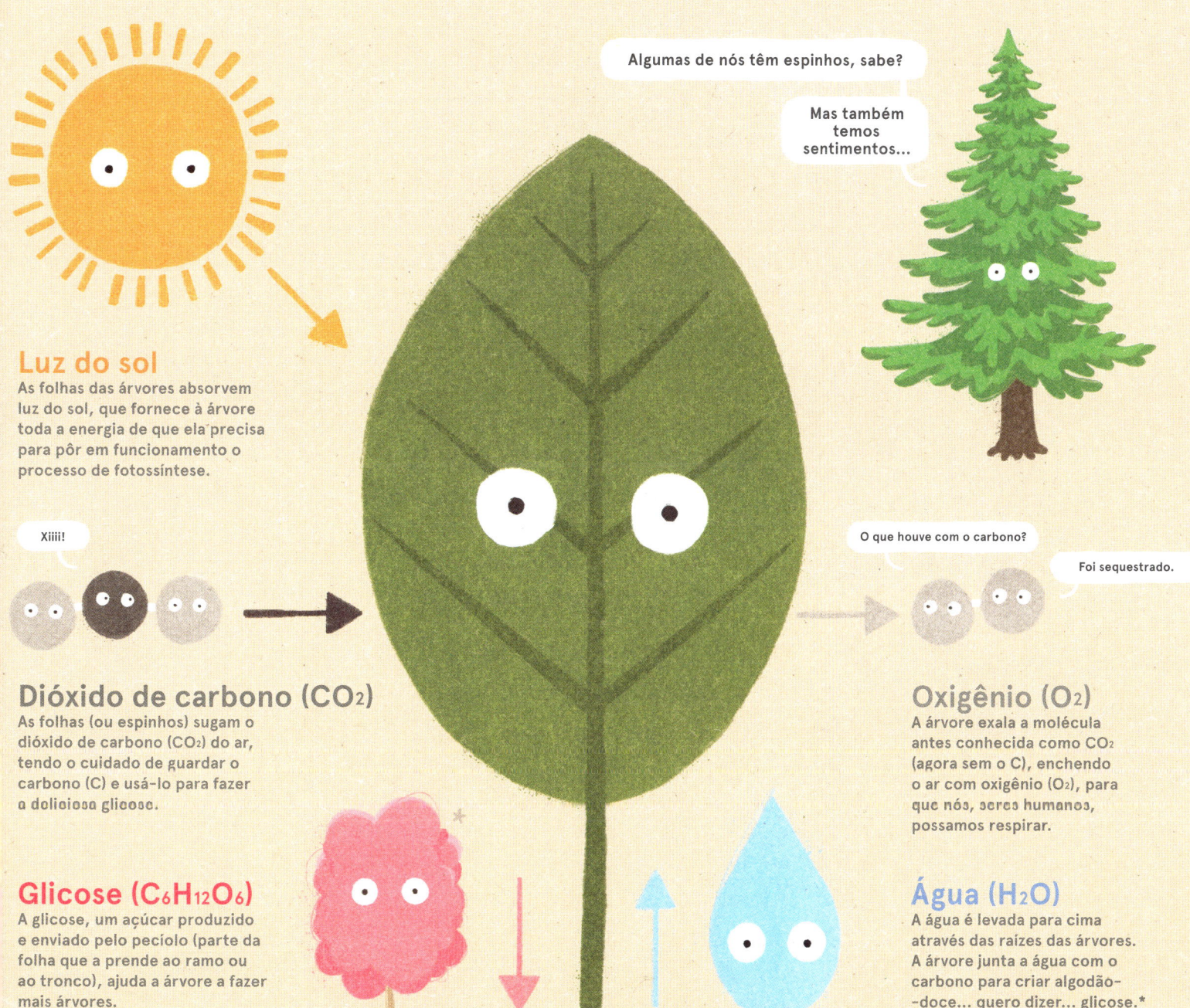

Enquanto isso, embaixo da terra… as raízes das árvores podem crescer até terem quatro vezes o tamanho de sua copa. Mas esses galhos do subsolo não são apenas canudos para sugar água. Você pode comparar o sistema de raízes de uma árvore com o seu cérebro, só que de cabeça para baixo.

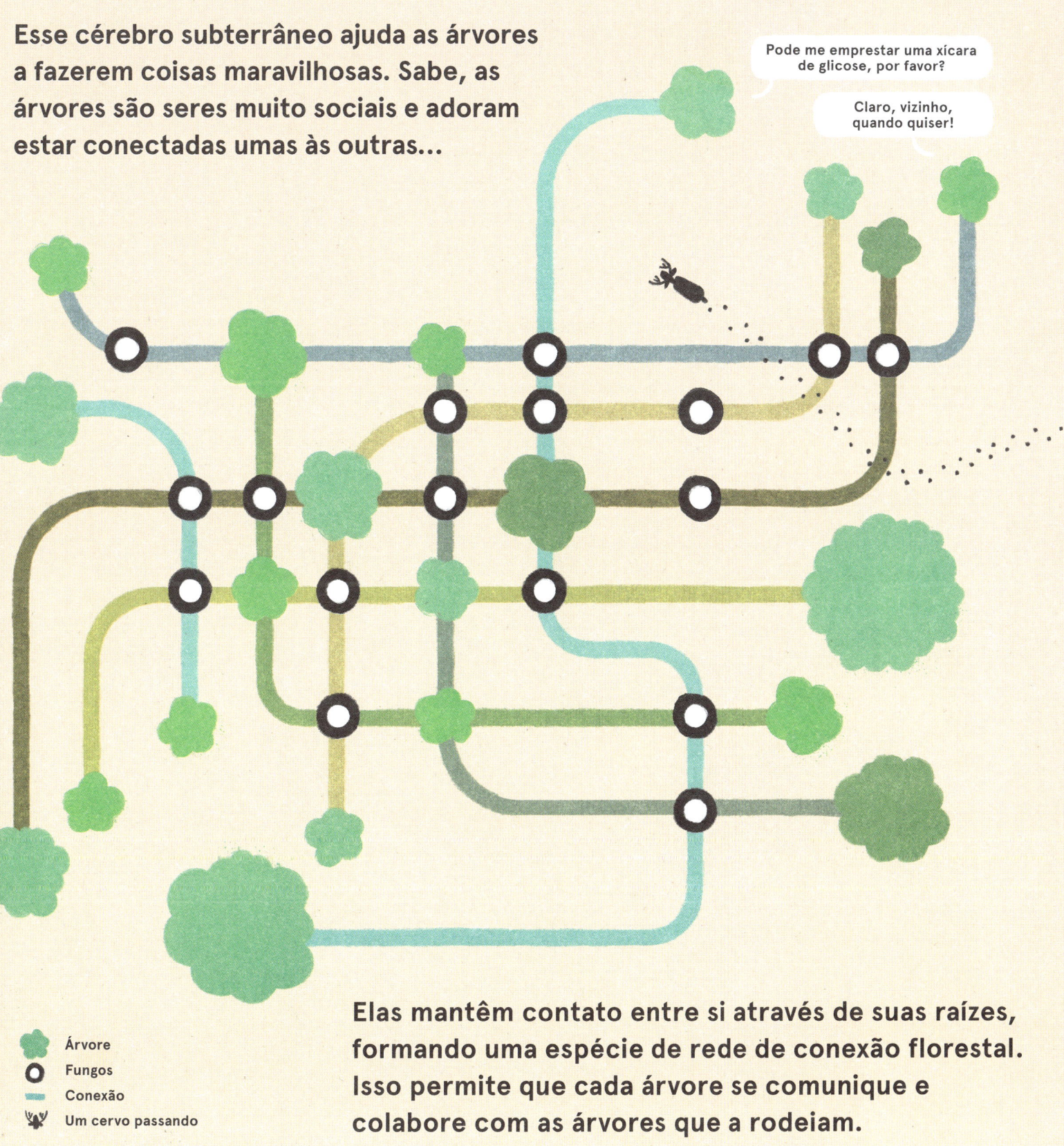

Por exemplo, se uma árvore se fere, suas colegas mais próximas enviam nutrientes extras pela rede de conexão florestal para ajudá-la a se curar mais depressa. Cada árvore da floresta tem seu papel na comunidade. Árvores conectadas podem controlar seu próprio microclima, proteger umas às outras de ventos fortes e dar suporte por meio de suas raízes.

Elas sabem que o que é bom para a floresta é bom para cada uma das árvores.

As árvores também têm a habilidade de avisar suas colegas de perigos próximos. Digamos que uma árvore leve uma dentada de um cervo...

1 Árvore mordida
O cervo resolve almoçar folhas de uma pobre árvore.

2 Aviso enviado
A árvore atingida manda um sinal de alerta através da rede de conexão florestal para todas as árvores dessa rede local, alertando-as do perigo.

3 As outras árvores reagem (algumas até demais)
Quando recebem a mensagem, as árvores rapidamente produzem substâncias químicas que dão um gosto horrível a suas folhas.

4 Perigo afastado
Logo todas as árvores daquela parte da mata fazem a mesma coisa, e o comilão vai embora.

"Ah, finalmente me deram valor!"

Para se comunicarem dessa forma, as árvores dependem de uma relação muito especial com seus amigos fungos. Por baixo do solo, os fungos e as árvores criam uma ligação mutuamente benéfica.

Ao interligar seus micélios (que são parecidos com raízes) às raízes das árvores, os fungos permitem que elas mantenham essa rede de conexões maravilhosa com as árvores ao seu redor.

Em troca desse serviço de conexão, as árvores dão aos fungos a glicose, que eles não conseguem produzir sozinhos.

Mas voltemos às árvores.

À medida que uma árvore se desenvolve, seus galhos procuram a luz e crescem em busca dela. Quando expostas a muita luz, as folhas produzem mais energia (e glicose), os galhos recebem maior quantidade de nutrientes e crescem mais fortes.

Espalhando seus galhos dessa forma, a árvore procura várias direções e diferentes maneiras de crescer.

Mesmo se um galho começar a crescer em direção a áreas mais escuras (talvez à sombra de outro galho, ou numa caverna, ou à sombra de um urso hibernando), a árvore não vai desistir.

Fig. 1
Um passarinho em busca de seu café da manhã.

Pelo contrário, ela só vai atrasar o crescimento daquele galho, transmitindo sua energia e seus nutrientes para os galhos que estão recebendo mais luz solar.

Por sua vez, as folhas que estão de frente para o sol vão produzir mais glicose, que a árvore usará para crescer.

Uma árvore continuará sempre nessa procura pela luz, mudando de direção quando necessário, durante toda a sua longa e maravilhosa vida.

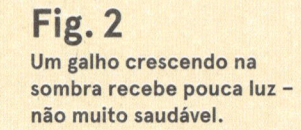

Fig. 2
Um galho crescendo na sombra recebe pouca luz – não muito saudável.

Uma vida mais calma faz muito bem às árvores.

A árvore que cresce lentamente vai transmitir sua energia para um tronco forte e terá raízes mais profundas, que lhe proporcionarão estabilidade por toda a vida.

A árvore que cresce muito depressa pode desenvolver um tronco fraco, galhos quebradiços e raízes superficiais. Isso porque a camada de celulose criada pelas árvores para desenvolver novos galhos fica muito fina, tornando-a vulnerável e permitindo que ela se quebre ou caia ao menor impacto.

As árvores mães fazem com que suas crias se desenvolvam bem devagar, limitando a luz que as árvores bebês podem receber, para que cresçam fortes, com troncos retos.

Obrigada, mamãe!

Essas árvores mães são duronas, mas muito protetoras. Como as arvorezinhas muitas vezes crescem por baixo da copa das genitoras, suas raízes ficam ligadas, permitindo às mães alimentar e enviar nutrientes a suas filhotas.

Na verdade, as árvores nunca param de crescer. À medida que o tempo vai passando, elas desenvolvem troncos mais grossos, galhos mais longos, e regeneram as folhas quando é preciso. Enquanto vivas, as árvores buscam a luz e continuam a crescer.

Mas, se quiserem chegar a uma velhice com saúde, as árvores precisam ser fortes para aguentar os danos que o mundo lhes causa. Dependendo de onde crescem, elas têm de ser bem flexíveis para poderem se vergar sem quebrar durante uma tempestade.

Ou resistentes o bastante para aguentar, sem desistir, um longo período de seca.

Ou fortes o bastante para aguentar muita neve sem se incomodar.

25

Na próxima vez que você for passear em um parque, mata ou floresta, repare nos variados e maravilhosos tipos de plantas que vivem por ali ajudando umas às outras. Da mesma forma que em nossa comunidade humana, é preciso muita diversidade para criar um ambiente saudável, solidário e próspero.

Veja bem, o que é bom para a floresta é bom para a árvore.
E o que é bom para a árvore é bom para você e para mim.

Nós, seres humanos, podemos não crescer tanto quanto uma árvore, mas podemos continuar crescendo em sabedoria e bondade durante nossa longa e linda vida. Enquanto vivemos, nós crescemos.

Quando as coisas ficarem um pouco difíceis,
encontre força e flexibilidade para manter
o foco e aguentar firme.

Espalhe seus galhos! Experimente muitos ramos diferentes e corra atrás das coisas que lhe dão mais energia.

E, se tivermos de aprender só uma coisa com as árvores geniais, que seja isto...

Cresça devagar e cresça forte.

Existem cerca de 3,4 trilhões de árvores em nosso planeta. Isso significa 400 árvores para cada ser humano. Parece muito, mas, com o índice atual de desflorestamento, estamos perdendo quase uma árvore e meia por pessoa a cada ano. Um exemplo das inúmeras atitudes que podemos tomar para ajudar as árvores (e a nós mesmos) é reduzir nosso consumo. Faça menos compras, plante uma árvore nativa, se puder, e passe mais tempo em meio à natureza.

Esta obra não tem pretensões didáticas. Ela busca incitar sua curiosidade para que você procure saber um pouco mais sobre a natureza... as folhas, os galhos, as raízes, suas conexões, as florestas, os biomas, os ecossistemas e... bem, o que mais você quiser descobrir, investigar e aprender desse mundo muitas vezes folhudo que nos nutre e nos abriga!

SOBRE O AUTOR E ILUSTRADOR

Philip Bunting cresceu na Inglaterra, mas mudou-se para a Austrália com vinte e poucos anos. O autor e ilustrador publicou seu primeiro livro em 2017. Hoje, ele tem obras traduzidas para diversos idiomas e publicadas em mais de 30 países. Muitas delas receberam premiações de instituições do livro, como a Kate Greenaway Medal, da Inglaterra, e o Children's Book Council, da Austrália. Bunting acredita que quanto mais divertidas forem as leituras da primeira infância, maiores serão as chances de a criança desenvolver suas habilidades leitoras para, no futuro, encarar a leitura e o aprendizado como atividades prazerosas e significativas.

Árvores geniais foi eleito um dos melhores livros infantis de 2022 pelo Children's Book Council, da Austrália.

SOBRE A TRADUTORA

Gilda de Aquino nasceu em 1935, no Rio de Janeiro. Formou-se em Letras Anglo-Germânicas na PUC-RJ e fez mestrado em Linguística na Universidade de Washington, nos Estados Unidos. Já traduziu mais de 200 títulos da Brinque-Book, muitos dos quais ganharam o prêmio de Melhor Tradução da Fundação Nacional do Livro Infantil e Juvenil (FNLIJ).